Wie unterrichte ich mit schwierigen Klassen?

Der richtige Umgang mit den Teilnehmern,
aber wie?

Ein Leitfaden für eine störungsfreie und lösungsorientierte Zusammenarbeit zwischen Ausbilder und Schüler.

Damit Sie wieder mit einem Lächeln im Gesicht Ihrer Berufung nachgehen, nämlich dem Ausbilden und Unterrichten von Teilnehmern oder Schülern.

Hallo und willkommen in meinem kleinen Ratgeber.

Jörg Bernhard

Wie unterrichte ich in schwierigen Klassen

Von Anfang an richtig mit den Teilnehmern zusammenarbeiten

Herstellung und Verlag:
BoD - Books on Demand, Norderstedt
ISBN 978-3-7448-1359-4

Vorwort

Inhaltsverzeichnis

Nachwort

Mein Name ist Jörg Bernhard, ich wurde im November 1976 in Forchheim / Oberfranken geboren.

Nach erfolgreichem Hauptschulabschluss und der Ausbildung zum Industriemechaniker war ich einige Jahre in diesem Beruf tätig.
2005 wagte ich den Schritt zum Industriemeister Metall und bin seit 2006 bis heute in der Ausbildungsbranche für Metallberufe tätig. Im Fernstudium erhöhte ich meinen Bildungsgrad zum technischen Betriebswirt.
Da ich in meiner Laufbahn mit sehr vielen unterschiedlichen Charakteren zu tun hatte, interessierte mich auch das innere Verhalten meiner

Klienten und ich studierte zudem praktische Psychologie.

Vorwort

M eine Teilnehmer stammten aus Altersgruppen zwischen 13 Jahren und 59 Jahren.
Zu meinen gebuchten Kursen zählten unter anderem:

Berufsorientierung für Schulklassen

Neuorientierung für schwererziehbare Jugendliche

Eingliederungsmaßnahmen für Langzeitarbeitslose, Suchtkranke oder anderweitig gefährdete Menschen

Umschulungsmaßnahmen, Erwachsenenbildung in den Fachbereichen Metallbau, Industriemechaniker, Maschinen-Anlagenführer, CNC-Fachkräfte und

Teilnehmer mit Migrationshintergrund.

Die Klientel war in ihren Altersstufen sehr unterschiedlich, von Schulkindern bis hin zu Fast-Rentnern.

Jeder dieser Lebensbereiche stellt andere Auffassungen, Werte, Moral, Lebensweise, Ansichten, Gruppenhalt und soziale Aspekte usw. dar.

Hierauf sollten Sie als Lehrkraft sehr flexibel sein um sich gut anpassen bzw. hineinzupassen!

Angefangen von der Sympathie, Empathie und der Bereitschaft, keine Unterschiede in Bezug auf Herkunft, Religion und Hautfarbe zu machen.

Aber wie habe ich es immer geschafft und hatte fast nie Probleme, egal mit welcher Gruppe?

Ausnahmen gab es auch bei mir. Doch wenn ich sehr genau darüber nachdenke, war dies nur einmalig der Fall.

Das fragten auch immer wieder die Pädagogen, Psychologen, Seminarleiter und alle diejenigen, welche mit den Kursen was zu tun hatten, bzw. mich buchten:

„Warum funktioniert das bei Ihnen mit den Teilnehmern, verraten Sie mir den Trick?"

„Wie haben Sie diese Leute im Griff? Bei den anderen läuft das nicht so rund!"

Es gab nie eine Antwort von mir, mit welchen Methoden ich arbeite.

Deshalb werde ich nun in diesem Ratgeber für Sie ein paar kleine Tipps und Hilfestellungen aufzeigen.

Viel Spaß beim Lesen

Ihr Jörg Bernhard

1. Beruf oder Berufung

Sehen Sie sich selbst an und fragen Sie sich im Inneren, ob die Lehr- bzw. Ausbildungstätigkeit in Anführungszeichen NUR Ihr Beruf ist, um in der Gesellschaft angesehen zu sein und um finanziell abgesichert zu sein?

Oder

Üben Sie Ihre Tätigkeit aus, weil es Ihnen von innen heraus Freude bereitet. Weil Sie Spaß an Ihrer Arbeit haben und Sie jeden Tag stolz nach Hause gehen, nachdem Sie einen reibungslosen Tag hatten?

Gehen Sie in sich, schließen Sie für einen Moment, wie lange er auch sein mag, Ihre Augen und prüfen die oben gestellten Fragen.

Sie sind sich jetzt bewusst geworden, wo Sie stehen? Ist es Ihre Berufung, dann haben Sie schon die meisten Hürden überwunden.
Wenn es nur Ihr Beruf ist, dann versuchen Sie die schönen Aspekte dieses Berufes zu sehen, das andere „Problem" bekommen wir schon hin.

2. Die Selbstreflexion

Die Selbstreflexion oder die Spiegelung ist eine ziemlich einfache Aufgabe um zu sehen –

-Wer bin ich?
-Was bin ich?
-Wo stehe ich?

Setzen Sie sich an einen ruhigen Ort, der Ihnen vertraut ist und an dem Sie nicht gestört werden.

Entspannen Sie sich, lehnen Sie sich zurück und fangen an, sich hinabzubewegen in Richtung Ihrer Kindheit. Versuchen Sie sich zu erinnern, wie Sie aufgewachsen sind. Mit wem haben Sie gespielt? Was haben Sie an Erfahrungen gesammelt, ob gute oder schlechte? Welche Erziehung haben Sie genossen und welche Werte haben Sie erlernt?

Gehen Sie in Gedanken hinauf über Ihre Adoleszenz bis in Ihr jetziges Alter.

Versuchen Sie, sich an so viel wie möglich zu erinnern. Lassen Sie sich auch von Ihrer Traumwelt verführen, wenn Sie plötzlich in Gedanken bei Ihrer Jugendliebe angekommen sind.

Bitte erinnern Sie sich auch daran, wie Sie in der Schule waren!

Hoppla, auch kein Musterschüler, oder?

Denken Sie zurück an Ihre Schule, Ihre Ausbildung, Ihre früheren Tätigkeiten.

Haben Sie sich manchmal gelangweilt oder den Unterricht gestört, vielleicht sogar geschwänzt?

Wenn das so ist, dann wissen Sie jetzt schon, wie es Ihren Schülern geht und was diese empfinden.

Der Unterricht soll spannend, mitreisend und wertvoll sein!

Doch wie schaffen Sie das?

3. Die Wertedebatte

Wir in unserer Generation haben noch gelernt, uns normal zu schämen. Scham und Schuld wurden bei uns anders gehandhabt. Diese anerzogene Scham und die dazugehörige Schuld können uns in der neuen Generation an unseren Bestleistungen hindern, da die neue Herangehensweise an Schuld und Scham für uns ganz neu ist.

Vor uns steht eine neue Generation, die geprägt ist von Unverantwortlichkeit und einer neuen Schuldigkeit.

Es gehen in unserer Gesellschaft ehrbare und alte Werte und Tugenden verloren, die Beständigkeit und Verlässlichkeit garantieren oder die am Allgemeinwohl ausgerichtet sind.

Die Prinzipien der neuen Generation heißen: Offenheit, Wachstum, Unabhängigkeit, Flexibilität und vor allem Individualismus und Selbstverwirklichung.

Deshalb stelle ich hier die Fragen:

Inwieweit sollten Sie als Lehrkraft an der öffentlichen Wertedebatte teilnehmen?
Haben Sie den pädagogischen Auftrag, das Wertebewusstsein von Schülern zu stärken und zu schärfen?

Oder sollten Sie Ihre Schüler in dieser Hinsicht besser nicht beeinflussen?

Sie sollten sich mit den Gegebenheiten des sozialen Umfeldes der Schüler vertraut machen. Sie können täglich beobachten und studieren, wie sich Ihre Schüler verhalten und sollten deren Werte akzeptieren.

Als Lehrer sind Sie kein Erzieher, sondern in gewisser Hinsicht nur ein Helfer für den Schüler, dessen Selbstbewusstsein zu stärken. Fassen Sie hier zu erzieherischen Maßnahmen, haben Sie schon verloren! Jeder Schüler ist frei in seiner Meinung! Wenn dieser meint, dass es das Richtige für ihn ist, dann soll er das tun.

4. Der allererste Kontakt

Es ist nicht selten, dass Schüler oder Teilnehmer vor dem Beginn ihrer Maßnahme oder ihrem Schuljahr sich die Schule ansehen wollen, bzw. auch Fragen haben. Dies gilt erst recht bei Schulwechsel oder komplettem Neuanfang.

Sie als Lehrkraft haben solche Teilnehmer bestimmt schon einmal gesehen oder sind sogar schon einmal ausgefragt worden.

Seien Sie beim allerersten Kontakt ein normaler Mensch, ein Vertrauter, ein Freund.

Hinterlassen Sie, auch wenn Sie es sind, keinen genervten Eindruck. Helfen Sie Ihrem Kunden weiter, zeigen Sie ihm oder ihr die Räumlichkeiten. Überzeugen Sie, dass man sich hier wohl fühlen kann.

Ihr Kunde wird Sie wiedererkennen und den von Ihnen hinterlassenen Eindruck hoffentlich positiv behalten.
Wenn Sie hier schon ins Fettnäpfchen getreten sind, dann lässt sich dies nur schwer wieder reparieren.

5. Die Vorbereitung

Die Vorbereitung ist der wertvollste Teil Ihrer Arbeit.

Wieder das leidige Thema Vorbereitung, was bereite ich vor, wie bereite ich vor usw.

Mal ganz unter uns gefragt: „Wofür"?

Sie sind Ausbilder oder Lehrer und beherrschen hoffentlich auch Ihr Fachgebiet. Dann brauchen Sie für den ersten Tag, auch den zweiten wahrscheinlich keine Manuskripte, Bücher oder sonstiges Unterrichtsmaterial. Es reichen lediglich Kreide oder in der modernen Zeit Whiteboard Marker oder Flipchart

Warum ich das jetzt so sage?

Der erste Auftritt kommt und nichts können Sie besser als das, was Sie drauf haben.

6. Der erste Auftritt vor der neuen Klasse

Lampenfieber, Nervosität, Angst?
Seien wir ehrlich, das haben wir doch immer, wenn wir in eine neue Klasse gehen. Aber keine Sorge, Ihren Schülern geht es nicht anders.

Bedenken Sie, dass Ihre Schüler sich selbst untereinander auch noch nicht kennen.

Bereiten Sie alles sorgfältig vor, was Sie für Ihren ersten Auftritt benötigen. Stifte oder Kreide, Ihr Namensschild, notwendige Unterlagen wie Klassenbuch oder Unterweisungsformulare.

Atmen Sie tief durch, versuchen Sie pünktlich zu sein und los geht's: Auf zu Ihren neuen Schützlingen.

Begrüßen Sie Ihre Teilnehmer freundlich und dann stellen Sie sich selbst vor. Wie heißen Sie? Wie schon unterrichten Sie schon? Was sind Ihre Fachbereiche?

Machen Sie danach eine kleine Vorstellungsrunde. Schreiben Sie schon vorab an die Tafel, was Sie wissen möchten - Name, Vorname, Alter, Hobbys etc. Damit haben Ihre Teilnehmer schon einen kleinen Leitfaden für sich und vergessen oder überspringen nichts.

Beginnen Sie darauffolgend mit den notwendigen Unterweisungen, wie beispielsweise Verhalten im Brandfall usw.

Gehen Sie auch ruhig mit Ihrer neuen Klasse durch das Haus. Zeigen Sie, wo Sie zu finden sind, wo das Sekretariat, der Aufenthaltsraum, die Toiletten sind.

Schon haben Sie einen hoffentlich guten und bleibenden Eindruck hinterlassen.

Wenn Ihr erster Auftritt gelungen ist, dann kann es mit dem Unterricht losgehen.

7. Du oder Sie

Prinzipiell gilt SIE, dies zeigt Anstand und Respekt gegenüber der angesprochenen Person.

Sie als Ausbilder oder Lehrkraft sollten immer mit „Sie" und Herr oder Frau angesprochen werden.

Nun kommt es aber auf die verschiedenen Klassenstufen an, die man unterrichtet.

In Grund- und Hauptschulen gilt es meistens, dass die Schüler geduzt werden, die Lehrkraft hingegen gesiezt.

Auf Real-, Oberschulen und Gymnasien gilt meistens schon das gegenseitige „Sie".

In der Ausbildung, Umschulung oder Weiterbildung gilt ebenso grundsätzlich beiderseits das „Sie", wobei die Lehrkraft, also Sie selbst entscheiden können, wie Sie es gerne hätten.

Nach meiner persönlichen Erfahrung gelingt der Unterricht, gerade in schwierigen Klassen mit dem Duzen der Teilnehmer besser. Ich spreche diese aber dennoch generell mit dem Nachnamen an.

Beispiel:

„Maier, kannst du mal bitte im Buch…"

„Mach ich doch gerne, Herr Bernhard"

So hat man Respekt vor der Klasse.
Teilnehmer nehmen den Respekt und die Akzeptanz
der Lehrkraft ihnen gegenüber genau wahr.

Um Ihnen diese Entscheidung leichter zu machen;

wenn Sie prinzipiell das „Sie" wollen, dann tun Sie
das gleichermaßen in allen Klassen.

Sind Sie mehr auf der Du-Ebene, gehen Sie in die
neue Klasse, stellen sich vor und fragen konkret in
die Klasse hinein, ob Sie Ihre Teilnehmer duzen
dürfen.

Ich selbst hatte noch nie den Fall, dass dies verneint
wurde.

8. Die Unterrichtsgestaltung

Wie Sie Ihren Unterricht gestalten, überlasse ich vollkommen Ihnen, denn Sie machen dies ja schon länger.

Dennoch sollten Sie niemals zu routiniert denken und handeln.

Unsere Klassenmentalität ist sehr unterschiedlich. Die eine ist überwiegend laut und schwer zu kontrollieren, andere hingegen sein wie die Schäflein auf der Weide.

Wie Sie selber wissen, ist der Unterschied sehr groß, deshalb sollten Sie und tun Sie das auch bitte:

- Immer auf Ihre Klasse und Ihre Teilnehmer individuell eingehen!

Ihre Teilnehmer merken bewusst, dass Sie so handeln und dies erzeugt wiederum Respekt gegenüber Ihnen von der Klasse aus.

Achten Sie bitte darauf, dass Sie immer gut auf Ihren Lehrstoff vorbereitet sind. Es können nämlich auch tiefergreifende Fragen der Teilnehmer aufkommen. Leider versagen an dieser Stelle schon die meisten

Lehrkräfte, weil sie ihren Stoff tonlos herunterleiern und/oder das nötige Hintergrundwissen fehlt.

Versuchen Sie so mit mindestens 4 Farben an der Tafel zu arbeiten. Bringen Sie den Lehrstoff bildlich herüber. Wenden Sie Metaphern an. Finden Sie Beispiele aus dem realen Leben, Ihrer Vergangenheit oder der jetzigen Gegenwart.

Vergessen Sie auch nicht, dass eventuelle Sprachbarrieren vorhanden sind. Wir haben Teilnehmer, die noch nicht lange in unserem Land sind, welche vor allem unsere Sprache und auch unseren Dialekt nicht verstehen.

Orientieren Sie sich während des Unterrichtstages auf die Leistungskurve. Wann können Sie voll Stoff geben, wann sollten Sie es etwas auflockern, oder vielleicht sogar mal gar nichts unterrichten. In ruhigen Tagesphasen können Sie auch Ihre Teilnehmer besser kennenlernen und umgekehrt.

9. Der Gruppenzusammenhalt

Jede Klasse oder Gruppe ist ein Team für sich. Auch wenn es im Unterricht nicht gerade den Anschein hat, dass Ihre Teilnehmer zusammenhalten, täuschen Sie sich.

Sie bekommen es täglich mit, wie es zwischen Ihren Teilnehmern Auseinandersetzungen, Streitereien, Sticheleien gibt. Doch wenn es hart auf hart kommt, dann hält jede Gruppe für sich zusammen und das sehr stark.

Für Sie als Lehrkraft heißt das, lassen Sie kleine Sticheleien und Auseinandersetzungen zu. Meistens geht es um die Religion, die Herkunft, private Belange oder persönliche Angelegenheiten Ihrer Teilnehmer.

Egal wie hart es klingt, aber mischen Sie sich als Autoritätsperson nicht in die Belange der Teilnehmer ein, sondern kontrollieren Sie lediglich die Lautstärke und versuchen Sie, dass Ihre Teilnehmer ihre Diskussionen in der Pause austragen.

Ihre Klasse ist wie gesagt ein Team, das stark zusammenhält. Dies kann für Sie als Lehrkraft vorteilhaft, aber auch nachteilig sein.

Versuchen Sie niemals mit Gewalt, die Gruppe an sich zu binden. Der gemeinsame Bund entsteht mit der Zeit, wenn Ihre Teilnehmer zu Ihnen Vertrauen aufgebaut haben.

Sehr wichtig ist, dass die Klasse ein Team ist. Das sollten Sie auch Ihren Teilnehmern ans Herz legen. Alles, was im Raum bei geschlossener Tür vor sich geht, bleibt im Raum und sollte nicht nach außen dringen.

Bringen Sie Ihre Klasse dazu, deren Themen so gut wie möglich in sich zu klären. Je mehr an die Öffentlichkeit geht, desto mehr schadet es dem Ansehen Ihrer Gruppe.

In den meisten Fällen regeln die Teilnehmer ihre Angelegenheiten selbst.

Kommen die Teilnehmer zu Ihnen, dann können Sie sicher sein, dass Sie das Vertrauen der Gruppe erlangt haben.

10.   Das Kind in uns

Was hat das Kind in uns mit dem Unterricht zu tun?

Sehen Sie sich selbst noch als Kind? Wenn Sie ehrlich antworten könnten ohne Schamgefühl, würden Sie sagen: Ja ich sehe mich manchmal als Kind.

Woher kommt das? Sie sind doch jetzt erwachsen, vielleicht verheiratet, haben Kinder. Wo kommt das Kind in uns her?

Wenn wir wieder in unsere Kindheit zurückblicken, haben wir positive Erfahrungen gesammelt, wie zum Beispiel unsere Neugier, Begeisterungsfähigkeit, Staunen und Träumen.

Aber auch negative Dinge wie Sehnsucht, Angst und die eigene Verwundbarkeit gab es in unserem Leben.

Diese und noch mehr Aspekte fließen immer noch in unseren Alltag mit ein und das sollten wir nicht vergessen.

Wenn Sie Ihre Kinder oder andere Kinder spielen sehen, würden Sie dann nicht gerne mitspielen? Ich denke schon.

Sehen wir unsere Teilnehmer an, diesen geht es genauso wie uns. Sie sind junge Erwachsene, vielleicht sogar ältere Teilnehmer, die ebenfalls verheiratet oder geschieden sind. Solche, die Ihr Leben mit Freude aber auch Leid leben, geprägt sind von unterschiedlichen Vorfällen.

Auch diese Menschen vor uns blicken oft zurück in ihre Kindheit. Sie denken an die schönen Seiten des Lebens, an die Unbeschwertheit, das umsorgt werden von Eltern und Familie usw.

Beobachten Sie doch einmal ihre Klasse im Unterricht. Fällt Ihnen auf, wie manche spielen und sich beschäftigen müssen, ob es mit Stiften oder Linealen oder sonstigem ist?

Aber was hat das alles mit dem Unterricht zu tun und warum schreibe ich das?

Bedenken Sie immer im Unterricht, dass Ihre Teilnehmer auch nur Menschen sind, mit Bedürfnissen, Ängsten, Freude oder Neugier.

Rufen Sie im Unterricht das Kind der Teilnehmer hervor. Sie werden sehen, dass Ihre Gruppe motivierter dem Unterrichtsgeschehen folgt.

Bemängeln Sie aber niemals, wie kindisch sich Ihre Teilnehmer ab und zu verhalten. Lassen Sie ihnen einfach freien Lauf. Halten Sie lediglich etwas, aber nicht zu angespannt die Kontrolle.

Wenn Sie selbst darüber nachdenken, wie sich Ihre Teilnehmer verhalten: Sehen wir da nicht manchmal Kinder anstatt Erwachsene?

Sie als Lehrkraft sollten die Methodik gelernt haben, den Unterricht passend, aber auch sachlogisch zu gestalten.

Zum anderen ist es für Sie auch ein Vorteil, da Sie es einfach gesagt „drauf" haben zu unterrichten. Das weckt bei den Teilnehmern, wie öfters schon geschrieben, den Respekt und die Toleranz Ihnen gegenüber.

11. Nachgeben, Beharren, Versteifen

Nun sind Sie in Ihrer Klasse integriert und möchten mit Ihrem Lehrstoff beginnen. Am Anfang haben die Teilnehmer immer noch den nötigen Respekt und vor allem Angst, den Unterricht zu stören. Sie wissen nämlich noch nicht, mit welcher Persönlichkeit sie es zu tun haben.

Wenn wir uns selbst an unsere Schullaufbahn zurückerinnern, hatten wir solche wie solche Lehrer. Viel mehr möchte ich dazu nicht sagen, denn das wissen Sie selbst.

Es ist normal, dass sich die Klasse erst selbst organisieren muss. Dennoch stehen Sie als Lehrkraft im Fokus des Geschehens. Das heißt, Sie werden besonders beobachtet und geprüft, wie weit man bei Ihnen gehen kann, ohne dass Sie es bewusst wahrnehmen.

Egal was und wie es kommt, Sie treffen die Entscheidung jetzt nachzugeben, sich zu versteifen oder es einfach auf sich beruhen zu lassen.

Aber das dürfen Sie nicht! Denn so schnell Sie sich Anerkennung und Respekt aufgebaut haben, so schnell sind Sie dies auch wieder los. Geschieht das, haben Sie, solange Sie diese Klasse unterrichten die, na ja Sie wissen schon, welche Karte gezogen.

Denken Sie an das Kapitel vorher mit dem Kind in uns. Wie würden Sie reagieren, agieren oder verfahren, wenn Sie der Schüler wären? Nämlich genauso?

Es gibt immer wieder Situationen, wo man schnell und sicher durchgreifen muss. Doch es kommt stets auf die Art und Weise an, wie man es tut.

Lassen Sie nicht Ihre Position der überlegenen Obrigkeit heraushängen. Agieren Sie bitte immer noch mit Herz und Verstand.

Bedenken Sie, was im Raum ist, soll im Raum bleiben. Drohen Sie nicht gleich mit Abmahnungen oder Verweisen. Hier machen Sie sich schnell unbeliebt und das nicht nur bei einem Teilnehmer, sondern vor der ganzen Klasse.

12.   Konversation und Sprache

Ihr Fachgebiet können Sie. Sie wissen, was und wie Sie es unterrichten müssen. Jedoch in der heutigen Generation haben wir keine „Dorf-Schulen" mehr, wo jeder Ihren Dialekt problemlos versteht.

Viel mehr haben wir jetzt verschiedene Landsleute, unterschiedlicher Herkunft und Sprachen. Was bedeutet das für uns? So lächerlich es klingen mag, aber unterrichten Sie langsamer. Versuchen Sie mit vielen Umschreibungen Ihren Stoff zu vermitteln. Denn selbst die für uns einfachsten Wörter oder Satzstellungen sind für manche Schüler nicht begreiflich.

Ermutigen Sie die Schüler sich zu melden, wenn etwas nicht verstanden wurde. Wie Sie selbst wissen, aufgrund von Scham wird das selten ein Teilnehmer tun. Vielmehr werden Sie in der Pause mehrmals zu dem von Ihnen gebrachten Stoff befragt, weil es eben nicht verstanden wurde.

Gehen Sie darauf ein, indem Sie im Unterricht alles nochmals und nochmals wiederholen. Auch am nächsten Tag sollten Sie das Thema nochmals anschneiden. Hier komme ich wieder auf die

Wertedebatte zurück. Wie Sie wissen, hat sich die neue Generation für uns, wie auch wir für unsere Vorgänger nicht verbessert, sondern im Gegenteil verschlechtert.

Durch die technischen Möglichkeiten wie Handy, Tablet etc. können viele keinen normalen und vollständigen Satz mehr schreiben. Die Sprachform verändert sich, die Sätze werden kürzer, Abkürzungen sind an der Tagesordnung.

Versuchen Sie so gut wie möglich auf Ihre Schüler einzuwirken, auch mal das Buch in die Hand zu nehmen, nicht nur das elektronische Gerät. Zum Teil darf man Bücher ja auch mit in die Prüfung nehmen. Dann haben Sie als Ausbilder das Problem, dass Sie Ihren Teilnehmern nicht gezeigt haben, wie das Buch überhaupt „funktioniert".

Schreiben Sie immer alles an die Tafel oder nehmen Sie einen Beamer oder Projektor. Verlassen Sie sich nie auf das Diktieren, viele verstehen den Zusammenhang nicht und können nichts damit anfangen.

13.   Kritikgespräche

Sie kennen das allzu gut: Ein Schüler nervt, stört den Unterricht, nimmt nicht am Unterrichtsgeschehen teil, spielt am Handy, kommt dauerhaft zu spät usw.

Tadeln Sie diesen Teilnehmer nie vor der kompletten Klasse. Nutzen Sie Ihre wertvolle Pause und sprechen Sie diesen Schüler konkret auf den Problempunkt an.

Bleiben Sie locker und freundlich, versuchen Sie auch vorher ein Lob auszusprechen, das kommt beim Teilnehmer sehr gut an und kann dann auch die Kritik besser annehmen.

Versuchen Sie das Problem menschlich zu schildern, warum es Ihnen stört, dass es so ist.

Doppeln Sie, das heißt lassen Sie gedanklich den Teilnehmer in Ihre Position, spielen Sie den Schüler, somit kann der Teilnehmer mitfühlen und auch besser verstehen um was es sich handelt.

Sie werden feststellen, dass Ihr Schüler an seinem Problem arbeiten wird.

14.   Problemfälle

Teilnehmer mit ernsthaften Problemen, ob Suchtprobleme, chronischer Dauerunlust, immer während des Zu-spät-kommen, Tageskrankheit usw. kennen wir ja zu genüge.

Dennoch sollten wir hier nicht selbst eingreifen, da wir weder Erzieher noch Therapeuten oder Arzt sind!

Bei solchen Teilnehmern sollte man zwar seine Hilfe anbieten, doch tun können wir hier wenig. Wir können den Teilnehmer unterstützen und ihm anderweitige Hilfe – professionelle Hilfe – anbieten.

Sollte der Teilnehmer nicht selbst sein Problem in die Hand nehmen, sind wir verpflichtet, die entsprechende Stelle zu informieren. Bei Minderjährigen sind das die Erziehungsberechtigten.

15. Tests und Lernzielkontrollen

Prüfungsangst kennen wir alle, diese haben auch unsere Teilnehmer und das sollten wir bedenken.

Eigentlich sollte man nach jeder Lerneinheit eine Kontrolle durchführen. Dennoch achte ich persönlich auf das Niveau der einzelnen Klasse und gestalte meine Tests dementsprechend.

Ist die Klasse schwach und der Test schwer, haben Ihre Teilnehmer schlechte Noten Das senkt zum einen den Klassendurchschnitt und zum anderen vor allem die Motivation und Lust der Teilnehmer, am Unterrichtsgeschehen weiter mitzuwirken.

Machen Sie Ihren Teilnehmern stets klar, dass es sich nicht um eine Schikane handelt. Es geht darum, dass die Schüler wissen, wo sie stehen und eventuell nacharbeiten müssen. Im Gegenzug sehen wir Lehrkräfte so, ob der Stoff gut gelehrt und verstanden wurde.

16.   Sie als Vertrauter und Freund

Sehr häufig kommt es vor, dass Sie als Lehrkraft für einen oder mehrere Teilnehmer ein Vorbild sind, einen Ersatz für eine Vater- oder Mutterrolle darstellen.

Freuen Sie sich, dass es so ist, denn Vertrauen gegenüber Ihnen zeigt, wie schon oft geschrieben, Respekt und Toleranz.

Nicht selten werden diese Teilnehmer auf Sie zukommen und über ihr Leid oder ihren Kummer klagen und bei Ihnen um Rat bitten.

Nutzen Sie diese Rolle nicht aus, sondern unterstützen Sie Ihren Schützling, so gut Sie können.

Hier dürfen Sie auch mal Du sagen, oder sogar in der Sprachform Ihres Schützlings reden.

Behalten Sie diese Gespräche für sich und erzählen Sie es prinzipiell keinem weiter. Eine Ausnahme bildet hierbei, wenn es sich um ein Problem handelt, bei dem man Hilfe von außerhalb anbieten muss.

Nachwort

Sehr geehrte Leserin ,
sehr geehrter Leser ,

Nun sind Sie am Ende dieses kleinen Ratgebers angelangt. Ich hoffe, ich konnte Ihnen einen vielleicht anderen Einblick in die Unterrichtsgestaltung geben. Ziel war es, dass Sie sich auch einmal in die Situation eines Schülers und einer Klasse hineinversetzen.

Weiterhin viel Erfolg bei Ihrer Arbeit.

Ihr Jörg Bernhard